ARTAXERCE.

ARTAXERCE,

OPÉRA EN TROIS ACTES,

Traduit de MÉTASTASE,

Et récemment accommodé à la scène Française,

Par M. DELRIEU.

La Traduction est accompagnée de Notes critiques,
Par Ch. C***.

Prix : 1 fr. 50 cent.

PARIS,

Palais Royal, Galerie des Libraires, n°. 5.

1808.

PERSONNAGES.

ARTAXERCE, fils de Xerxès.
MANDANE, sœur d'Artaxerce,
ARTABAN, favori de Xerxès.
ARBACE, fils d'Artaban, amant de Mandane.
SÉMIRE, fille d'Artaban, amante d'Artaxerce.
MÉGABISE, ami d'Artaban et capitaine des gardes.
GARDES.

La Scène est à Suze, capitale de la Perse.

ARTAXERCE,

OPÉRA.

ACTE PREMIER.

SCÈNE PREMIÈRE.

Jardin dans l'intérieur du Palais, correspondant à divers appartemens. Vue du Palais. La lune brille dans la nuit.

ARBACE, MANDANE.

ARBACE.

Adieu.

MANDANE.

Arbace, écoute moi.

ARBACE.

Chère Mandane, le jour va bientôt paraître; si Xerxès apprenait jamais que, malgré son ordre, ton amant a porté ses pas en ces lieux, envain mon innocence se couvrirait de mon amour, envain le sang parlerait pour toi.

MANDANE.

Ta crainte est légitime, les périls t'assiégent ici, mais Suze, peut être ton asile; Xerxès t'a banni de son palais, mais non de ces murs: tu sais qu'Artaban, ton père, règle à son gré les volontés de Xerxès; que lui seul peut pénétrer à tous les instans dans les appartemens les plus secrets du palais; tu sais que mon frère, qu'Artaxerce se fait gloire de ton amitié: les mêmes jours ont vu s'élever votre renommée et votre vertu; la Perse admira votre union dans les dangers, et chacun de vous apprit de son ami à devenir son émule; les soldats sont pleins de ta gloire; le peuple est enflammé d'amour pour toi; le trône s'appuie sur ton bras comme sur son rempart le plus sûr: oui, parmi tant d'amis tu trouveras un soutien.

ARBACE.

L'espoir nous abuse : envain ton frère embrasserait ma défense ; lessoupçons s'éleveraient contre lui comme ils s'élèvent contre mon père ; l'amitié dans lui, le sang dans Artaban, affaiblissent et détruisent aux yeux des peuples toute justification. Alors que la faveur du monarque nous abandonne, nos amis perfides nous abandonnent aussi : dans ces regards où je lisais naguères le respect, je vois maintenant l'orgueil éclater : dis, comment veux-tu que je puisse espérer encore ? mon séjour t'expose à des périls certains, et il redouble mes tourmens ; il t'expose à des périls certains, parce qu'il éveille les soupçons de Xerxès contre toi ; il redouble ma peine, parce que même auprès de mon amante sa vue me serait interdite ; je suis sujet et l'on m'en fait un crime ! Mandane ; ma chère Mandane, je veux mourir ou te mériter. Adieu.

MANDANE.

Cruel ! peux-tu me quitter ?

ARBACE.

Non, ce n'est pas moi, ce n'est pas moi qui suis cruel ; c'est ton père qui est injuste, c'est Xerxès qui est tyran.

MANDANE.

Mon père, lorsqu'il te refuse ma main, n'est peut-être pas sans excuse ; le rang suprême...... la distance que le sort place entre nous..... qui sait s'il n'est pas cruel malgré lui-même, et si, gémissant en secret, il ne condamne point ses rigueurs ?

ARBACE.

Il pouvait me déclarer ses refus, sans y joindre l'outrage, m'épargner le nom de téméraire et l'affront d'être repoussé de sa Cour comme le dernier de ses sujets. Ah ! Princesse, mon cœur saignera plus d'un jour de ces indignes mépris ! Si mes pères n'ont point porté la couronne, ils l'ont dumoins soutenue sur le front de ses aïeux ; si le sang des Rois ne coule pas dans mes veines, mon courage a conservé celui de son fils ; qu'il cesse d'étaler la gloire de ses aïeux ; qu'il nous montre la sienne : c'est le hasard et non la vertu qui fait la naissance ; si la justice eût réglé les rangs, si elle eût placé le sceptre dans des mains seules dignes de le porter, peut-être Arbace serait-il Xerxès, peut-être Xerxès serait-il Arbace.

MANDANE.

Ah ! parle avec plus de respect d'un père, devant celle qui t'adore.

ARBACE.

Va! lorsque je dévore une injure aussi cruelle, lorsqu'il me faut contraindre un innocent amour, si je m'arrête à la plainte c'est assez te prouver mes respects.

MANDANE.

Pardonne moi, mais je commence à douter de ton amour; tant de colère m'étonne: non, je ne puis croire que ton cœur chérisse Mandane, puisqu'il abhorre Xerxès.

ARBACE.

Cette haîne, chère amante, doit être pour toi une nouvelle preuve de ma tendresse; je m'emporte, parce que je t'adore, parce que je suis forcé de t'abandonner: peut-être est-ce pour la dernière fois que je te vois; peut-être est-ce pour la dernière fois..... Mandane; tu pleures! ne verse plus de larmes, chère amante; ma faiblesse n'est-elle pas assez grande? deviens cruelle dans ces funestes momens; laisse-moi te quitter.

MANDANE.

Arrête! arrête! non, je ne puis te voir partir; j'aime mieux m'éloigner moi-même.

ARBACE.

Ma Princesse, adieu.

MANDANE.

Va, sois toujours fidèle, n'oublie point que je reste dans la tristesse et dans les larmes; souviens toi de ton amante, mon cœur te suivra dans l'exil.

(*Note.*) Il y a un peu plus d'art dans cette exposition que dans celle de Lemière; cependant, bonne pour un opéra, elle serait très-mauvaise pour une tragédie. Il s'agit d'une grande conspiration: que doit faire le poëte tragique? en fonder les évènemens, en expliquer les ressorts, développer avec assez d'étendue, avant de faire agir les personnages, leurs caractères, leurs intérêts, et les motifs qui les animent; en un mot, préparer l'ame des spectateurs aux fortes impressions qui vont l'agiter. C'est ce qu'a fait M. Delrieu; mais, chez lui, deux actes sont employés à cela: c'en est trop d'un; le second devait commencer l'action, et la belle scène où Artaban rencontre son fils qui lui arrache son épée sanglante, devait l'ouvrir.

SCÈNE II.

ARBACE, ARTABAN *tenant une épée nue et sanglante.*

ARBACE.

Ordre barbare ! .... départ funeste ! qui me ravit le seul objet pour qui je respire, et pourtant me laisse le jour !

ARTABAN.

Mon fils, Arbace ?

ARBACE.

Seigneur.

ARTABAN.

Donne-moi ton épée.

ARBACE.

La voilà.

ARTABAN.

Prends la mienne ; fuis, cache ce sang à tous les yeux.

ARBACE *tenant les yeux attachés sur l'épée.*

Dieux ! à qui ce sang ?

ARTABAN.

Pars ; je t'instruirai de tout.

ARBACE.

Cette pâleur, ces regards inquiets, ces accens entrecoupés, cette voix éteinte me remplissent d'effroi. Parlez, dites ; ce sang....

ARTABAN.

Tu es vengé : Xercès vient d'expirer sous ce fer.

ARBACE.

Que dites-vous ? qu'entends-je ! qu'avez-vous fait ?

ARTABAN.

J'ai ressenti ton injure, je suis coupable pour toi.

ARBACE.

Pour moi ! il manquait ce comble à mon malheur ! Quel est maintenant votre espoir ?

ARTABAN.

J'ourdis un grand projet : tu régneras, peut-être. Pars, je dois rester.

ARBACE.

Je demeure confondu dans ces horribles momens.

ARTABAN.

Que tardes-tu ?

ARBACE.

O dieux !

ARTABAN.

Pars, pars, te dis-je.

ARBACE.

Jour affreux ! je frémis, mon sang se glace dans mes veines; je prévois le désespoir d'une a[illegible], je pleure en larmes de sang cette attentat qu'on va pr[illegible]

(*Note.*) Il est de toute invraisemblance qu'Artaban ne rejète point l'épée sanglante, et qu'il s'expose ainsi à des dangers manifestes. Ce n'est point une faute dans un opéra, c'en est une très-grande dans une tragédie.

SCÈNE III.

ARTABAN, ARTAXERCE, MÉGABISE. GARDES.

ARTABAN *seul.*

Courage, ô mon âme ! ce pas n'est point fait pour reculer ; retenir son bras au milieu des coups, c'est se rendre criminel sans fruit. Que le sang des Rois soit versé, qu'il soit versé jusqu'à la dernière goute ; tourmens des coupables, loin de moi ; non, il n'est point indigne de quelqu'estime, comme le pense le vulgaire, l'homme capable d'exécuter un grand forfait. Pour l'amener à son terme, il faut livrer de grands combats contre soi-même; il faut asservir le remords, il faut au sein de tant d'épouvantables orages, conserver un front serein et inaltérable; voilà les vertus d'un grand criminel..... le Prince s'avance; dissimulons. Quelle bruit confus ! quelle tumulte ! Ah ! Seigneur vous dans ces lieux, avant le jour ? d'où nait ce courroux allumé dans votre sein, et qui éclate à travers vos larmes ?

ARTAXERCE.

Jamais cher Artaban, tes conseils ne me furent plus nécessaires, vengeance, fidélité.

ARTABAN.

Prince, ce discours obscur me fait frémir ; expliquez-vous?

ARTAXERCE.

Artaban... mon père... il est là, sur sa couche sanglante... égorgé.

ARTABAN.

Comment!

ARTAXERCE.

Je l'ignore ; dans le silence, dans l'ombre de cette nuit funeste, un bras perfide a porté le coup mortel.

ARTABAN.

Ambition insensée! horrible ambition! eh quel devoir, quel lien sacré, peut enchainer tes fureurs ?

ARTAXERCE.

Ami, je t'entends ; mon barbare frère.... Darius est l'assassin. (1)

ARTABAN.

Eh! qui put, à la faveur des ténèbres, pénétrer dans l'intérieur du palais ; dans la chambre du Roi ; s'approcher de sa couche et frapper? lui seul, lui seul, Artaxerce... ah Prince! quel périls menacent votre tête.... écartez les par pitié ; un crime entraine toujours à un second crime ; vengez votre père, et sauvez vos jours.

ARTAXERCE.

Ah! si la pitié vous touche pour un Roi qui n'est plus, si l'horreur du crime est dans votre âme ; si votre amitié pour moi n'est pas éteinte, courez exterminer le traître, le parricide.

ARTABAN.

Gardes, un Prince, un Fils, ou si vous le voulez, votre Roi vous parle dans Artaxerce ; accomplissez ses ordres, punissez le coupable : je marche à votre tête, je guiderai votre fureur, je conduirai vos coups. *(à part.)* La fortune seconde mes projets.

ARTAXERCE.

Arrête.... où cours-tu ?... écoute.... mon père frémira peut-être plus encore de la vengeance que de l'attentat : Darius est fils de Xercès.

ARTABAN.

Toute pitié devient criminelle : celui qui s'est baigné au sang d'un père ne mérite plus le nom de fils ; dans l'éternelle nuit, sur les rives de l'Achéron, l'ombre d'un Roi, attend en frémissant le repos et la vengeance; je crois le voir respirant la menace, et l'œil étincelant de courroux, vous montrer ses flancs ouverts par une main parricide.

(*Note.*) Le Stilicon de Thomas Corneille a fourni quelques idées à Métastase. Stilicon, gendre de l'empereur Honorius, conspire pour donner le sceptre à son fils Euchérius, ce fils, chérit l'Empereur et ne veut point de la couronne; comme Arbace, il est accusé et condamné par son père; comme lui, il ne se défend que par son silence, et s'offre volontairement en victime. Ce fond, si riche pour Métastase, a été entièrement stérile pour le faible Thomas Corneille. Ce monologue a quelques traits de ressemblance avec les vers suivans que dit Stilicon :

« Peins-toi mon entreprise encore plus effroyable :
Une grande âme seule en peut être capable ;
Plus l'attentat est noir, plus son indignité
Veut du cœur le plus haut l'entière fermeté.
Des plus sacrés devoirs étouffer le murmure,
C'est à ses passions asservir la nature ;
Cet effort ne part point d'un courage abattu,
Et pour faire un grand crime il faut de la vertu.

(1) Les discours d'Artaban sont assez artificieux; Artaxerce, néanmoins, se détermine trop légèrement à croire son frère coupable et à ordonner son trépas. Cette scène, si je ne me trompe, n'est point ce qu'elle devait être.

SCÈNE IV.

ARTAXERCE, MÉGABISE.

ARTAXERCE.

Quelle victime on va frapper! ah! Mégabise.

MEGABISE.

Ne Balancez plus, un seul coup vous élève au trône et punit un perfide.

ARTAXERCE.

Ma vengeance pourrait paraître à l'Asie, le crime de mon ambition; cette seule pensée suffirait pour troubler ma vie entière. Non, non, courez révoquer mes ordres.

MEGABISE.

Seigneur, que faites-vous ? voici le moment de rappeler tous vos outrages particuliers ; voici le moment de la vengeance, Darius ne vous apprit que trop à devenir barbare comme lui.

ARTAXERCE.

Je ne dois point l'imiter dans ses attentats ; ses crimes ne peuvent servir d'excuse aux miens, si l'exemple suffit pour justifier les forfaits, l'univers n'a point de coupables.

MEGABISE.

Mais la première loi de la nature est avant tout de se défendre, s'il ne périt, vous mourez.

ARTAXERCE.

Mes dangers feront descendre sur moi la protection des dieux ; ils me déroberont à là barbarie de mon frère.

(*Il veut s'éloigner.*)

SCÈNE V.

SÉMIRE, LES PRÉCÉDENS.

SEMIRE.

Prince, où courez-vous.

ARTAXERCE.

Adieu Sémire.

SEMIRE.

Eh quoi ! vous me fuyez, daignez m'écouter.

ARTAXERCE.

Laisse-moi.

SEMIRE.

Quel accueil pour une amante !

ARTAXERCE.

T'écouter plus longtems, c'est trahir mon devoir.

SEMIRE.

Va, ingrat, tes mépris me sont enfin connus.

ARTAXERCE.

Epargne ma douleur, je ne suis que trop infortuné ; ne me

donne point des noms qui me déchirent. Ton cœur peut-il douter de mon amour ?

SCENE VI.

SÉMIRE, MÉGABISE.

SEMIRE, *seule.*

Je crains les malheurs les plus funestes; mon frère quitte ces lieux avant l'aurore, je rencontre mon père un glaive à la main ; il se tait. Artaxerce troublé accuse le ciel, il me délaisse. *(A Mégabise.)* Mégabise, parlez, détruisez mes incertitudes : que dois-je craindre ?

MEGABISE.

Eh quoi ! seule ignorez-vous que, dans la nuit, le fer a tranché les destins de Xerxès ? que Darius est le meurtrier ? et que le Palais, partagé entre les deux frères, s'agite embrasé de courroux ?

SEMIRE.

Qu'entends-je ! Infortunés que nous sommes ! peuples malheureux !

MEGABISE.

Eh ! Sémire, cessez de vous affliger ; que vous importent les fureurs ambitieuses et les crimes des fils des rois ? Craignez-vous qu'un maître manque à la Perse ? craignez-vous qu'un maître nous manque ? que le sang de ces ambitieux rivaux coule, qu'il inonde le trône ; quel que soit le vainqueur, je l'attends avec indifférence.

SÉMIRE.

Tout homme doit prendre part aux désastres du trône ; l'indifférence est coupable dans un sujet fidèle. Je sais qu'un fils impie est souillé du sang paternel, que les dangers environnent Artaxerce, et vous voulez que je devienne spectatrice paisible de ces sanglantes tragédies ?

MEGABISE.

Je comprends pour le Prince, tout votre amour ; mais écoutez ; si Artaxerce triomphe de son frère, s'il monte sur le trône, vous n'êtes plus rien pour lui ; s'il succombe, il expire ; ou vainqueur, ou vaincu, il est perdu pour vous. Ne rejetez point les conseils d'une bouche fidèle, faites choix d'un amant que le destin vous égale, l'égalité nourrit l'amour : si jamais vous croyez mes conseils dignes d'être suivis : alors souvenez-vous, chère Sémire, d'un amant qui vous adore.

SÉMIRE.

Ces conseils sont dignes de toi ; je veux t'en donner de plus utiles ; crois-moi, abjure ton amour.

MEGABISE.

Il est impossible, Sémire, de vous voir et de ne pas vous aimer.

SÉMIRE.

Eh ! pourquoi lève-tu les yeux sur moi ? Va, fuis, cherche une Princesse moins insensible à tes vœux. *Mégabise sort.*

---

(1) Ces fadeurs, ces gentillesses de Mégabise, cette réponse de Sémire, tout cela serait ridicule par tout ailleurs que dans un opéra.

SCÈNE VII.

SÉMIRE *seule.*

Protecteurs de cet empire, dieux tutélaires! veillez sur les jours d'Artaxerce. Que je le perde, et qu'il triomphe : sujet, il recherchia ma foi, monarque, ses dédains seront mon partage ; n'importe, l'éclat de sa vie me consolera de mes maux ; je ne me repens point de mes vœux ; moitié de mon ame, puisse-tu dire un jour en soupirant : l'amour fut ingrat envers Sémire !

SCÈNE VIII.

MANDANE, ARTAXERCE.

MANDANE.

Où portè-je mes pas ? qui m'ôtera de ce palais funeste ? à qui puis-je confier mes douleurs ? sœur, fille, amante infortunée, je perds en un instant, et mon père, et mon frère, et mon amant.

ARTAXERCE.

Ah ! Mandane.

MANDANE.

Artaxerce, Darius voit-il encore le jour, ou ton bras s'est-il souillé d'un crime ?

ARTAXERCE.

Princesse, mon innocence m'est toujours chère, ma tendresse pour un père, vient de m'arracher un ordre barbare; à peine sorti de ma bouche, il m'a fait frémir d'épouvante. Je cours à pas précipités dans le palais, pour le révoquer, j'interroge, je cherche envain, je ne puis trouver Artaban ni Darius.

MANDANE.

Voilà Artaban.

SCÈNE IX.

LES PRÉCÉDENS, ARTABAN.

ARTABAN.

Seigneur?

ARTAXERCE.

Ami?

ARTABAN.

J'accourais sur vos pas.

ARTAXERCE.

Et moi je te cherchais.

ARTABAN.

Vous frémissez?

ARTAXERCE.

Oui, je crains.....

ARTABAN.

Il n'est plus temps de craindre, tout est accompli, Artaxerce est mon Roi, Darius a reçu son châtiment.

ARTAXERCE.

Dieux!

MANDANE.

O douleur!

ARTABAN.

Le parricide s'est jeté lui-même au-devant des coups.

ARTAXERCE.

Ah dieux!

ARTABAN.

Vous gémissez! vos ordres ont été suivis.

ARTAXERCE.

Il fallait attendre ; tu devais prévoir.....

MANDANE.

L'horreur et le repentir qui les suit.

ARTAXERCE.

J'étais fils ; ma fureur m'emportait, tu ne devais point céder à ces premiers transports.

ARTABAN.

La prévoyance eut été inutile ; les soldats, dans leur bouillante ardeur, ont volé. Avant que mes yeux eussent vus les coups, Darius avait cessé de vivre.

ARTAXERCE.

Les cruels n'auront point impunément rougi leurs glaives de mon sang.

ARTABAN.

Mais seigneur, les volontés de leur Roi, leur ont inspiré cette audace, s'ils ont frappé, c'est vous qui l'avez ordonné.

ARTAXERCE.

Oui, je me rends justice, je connais mon crime, je le confesse, je suis seul coupable.

ARTABAN.

Vous coupable ! eh de quoi ! d'une justice éclatante ? d'une vengeance due à Xerxès ? consolez-vous seigneur, et songez que vous avez puni, dans un frère, un impie, un détestable parricide.

SCÈNE X.

SÉMIRE, Les Précédens.

SÉMIRE.

Artaxerce, rassure-toi ?

ARTAXERCE.

Qui t'amène en ces lieux ? pourquoi cette joie sur ton visage.

SÉMIRE.

Darius n'est point le meurtrier de Xerxès.

MANDANE.

Qu'entends-je !

ARTAXERCE.

Qui te l'a dit ?

SÉMIRE.

L'indigne assassin de ton père vient d'être chargé de fers; il est entouré de ses gardes : non loin des murs du palais, sa fuite, le lieu, sa voix éteinte, son visage pâle, son épée fumante de sang, ont trahi son crime.

ARTAXERCE.

Quel est son nom ?

SÉMIRE.

On le tait; chacun à mes demandes baissait tristement les yeux.

MANDANE *à part.*

Peut-être Arbace !

ARTABAN *à part.*

Si mon fils.....

ARTAXERCE.

C'est donc moi qui suis un monstre; Artaxerce va donc monter sur le trône, souillé du sang de l'innocence, odieux à la Perse, et abhorré du monde entier.

SÉMIRE.

Darius peut-être n'est plus ?

ARTAXERCE.

C'en est fait Sémire, sa mort est sortie de ma bouche; le repos s'enfuit de moi sans retour; la voix du remords retentira à jamais dans mon âme; les ombres irritées de mon père et de mon frère se présenteront sans cesse devant moi; elles troubleront mes jours; et rempliront mes nuits d'épouvante; je verrai les furies vengeresses secouer à tous momens sur ma tête leurs noirs flambeaux allumés dans le Phlégéton.

MANDANE.

O mon frère ! pourquoi cet exès de douleur; une erreur involontaire n'est point un crime.

ARTAXERCE.

Où est le meurtrier ? qu'on l'amène.

ARTABAN.

Seigneur, je vais hâter ses pas.

ARTAXERCE.

Arrête. Artaban, Sémire, Mandane, par pitié ne m'abandonnez pas, soutenez ma faiblesse; je voudrais dans ces affreux momens être environné de tous mes amis; Arbace, mon chèr Arbace! où est-il? est-ce là l'amitié qu'il me jura dès le berceau; lui seul me délaisse ainsi!

MANDANE.

Tu sais que, pour avoir prétendu à ma main, il a été banni du Palais

ATAXERCE.

Qu'Arbace vienne; je lui pardonne.

(*Note.*) L'auteur de la pièce nouvelle s'est privé de très-grandes beautés en ne parlant point de la mort de Darius. Son Artaxerxe est moins touchant que celui de Métastase; il n'en a fait qu'une esquisse, l'auteur italien en a fait un tableau. « Je voudrais être entouré de tous mes amis: où est Arbace, » etc. ». Artaxerce a perdu son père; il s'est souillé d'un crime; il est en proie aux remords, et dans l'abattement du désespoir, son ami peut seul le consoler, il veut se réfugier dans son sein: qui ne pressent, qui ne partage les douleurs qu'il va ressentir en apprenant que cet ami est coupable, et qu'il est le meurtrier de Xerxès?

SCÈNE XI.

LES PRÉCÉDENS, MÉGABISE, ARBACE *désarmé, parmi les Gardes.*

MEGABISE.

Arbace est l'assassin.

ARTAXERCE.

Comment?

MEGABISE.

Lisez le crime dans ces traits.

ARTAXERCE.

Mon ami!

ARTABAN.

Mon fils!

SÉMIRE.

Mon frère !

MANDANE.

Mon Amant !

ARTAXERCE.

Arbace, est-ce ainsi que tu parais devant moi ? le croirai-je ? ton cœur a-t-il pu concevoir un si grand crime.

ARBACE.

Je suis innocent.

MANDANE.

Plût au Ciel !

ARTABAN.

Si tu es innocent, dissipe les soupçons, détruits les indices, découvre ton innocence.

ARBACE.

Je suis innocent, voilà ma défense.

MANDANE.

Cependant ta haine contre Xercès?...

ARBACE.

Etait juste.

ARTAXERCE.

Ta fuite?...

ARBACE.

Certaine.

MANDANE.

Ton silence?...

ARBACE.

Nécessaire.

ARTAXERCE.

Ton visage pâle et troublé?...

ARBACE.

Ma situation l'exige.

MANDANE.

L'épée toute fumante de sang?...

ARBACE.

Était dans mes mains, je l'avoue.

ARTAXERCE.

Et tu n'es point coupable ?

MANDANE.

Et tu n'es point l'assassin ?

ARBACE.

Je suis innocent.

ARTAXERCE.

Mais les apparences t'accusent, mais elles te condamnent.

ARBACE.

Je le sais, mais les apparences sont trompeuses.

ARTAXERCE.

Tu te tais, Sémire ?

SEMIRE.

Je demeure interdite.

ARTAXERCE

Parle, Artaban?

ARTABAN.

Je cherche envain son excuse.

ARTAXERCE.

Malheureux ! que dois-je faire ? faut-il punir dans mon ami le plus cher, le plus cruel de mes ennemis ? Arbace, pourquoi me montrais-tu, barbare ! une âme aussi tendre, aussi fidele ; cette amitié, ces preuves d'une vertu incorruptible n'étaient donc que les impostures d'une âme criminelle ! que ne puis-je au moins oublier le jour où, près de succomber sous de nombreux ennemis, tu m'arrachas, en prodiguant ta vie, à leur rage, et détournas le coup mortel levé sur ma tête, je n'eusse point la douleur de me sentir ingrat, en vengeant la mort d'un père.

ARBACE.

Seigneur, qu'un innocent opprimé ne perde point votre première affection ; si jamais il en fut digne, c'est dans ces instans.

ARTABAN.

Téméraire ; et de quel front osez-vous reclamer son amour ? fils perfide, tu es mon tourment et ma honte.

ARBACE.

Et mon Pere aussi conjure ma perte.

ARTABAN.

Qu'attends-tu de moi ? ne voudrais-tu point que la pitié me

rendit le complice de ton crime ? Eh! prouve donc ton innocence? moi-même je sollicite son châtiment. Oubliez, Seigneur, qu'Artaban est son père; oubliez mes services et mon sang répandu pour l'Etat : que la tête du coupable tombe.

ARTAXERCE.

O fidélité !

ARTABAN.

Ordonnez de son sort; et si l'amitié vous parlait encore pour lui, étouffez-la toute entière.

ARTAXERCE.

Je résoudrai ce qu'on doit faire.... Si je le puis... Laissez-moi respirer en paix; je sens que ma raison s'affaiblit. O Dieux ! je me vois en un seul jour, Juge, Ami, Roi et Fratricide! *(Il sort.)*

(*Note.*) Le dialogue, dans cette scène admirable, est ce qu'il est presque toujours dans Métastase, rapide et nerveux. Le dialogue, dans une scène semblable de la nouvelle pièce, est moins précis et moins ferme. M. Delrieu est toujours, bien au-dessous de Métastase.

(*Note.*) « Que la tête du coupable tombe. » On frémit à ces terribles paroles. Ce père sera-t-il assez barbare pour souffrir qu'on immole son fils ? a-t-il les moyens de le sauver ? sa vengeance est-elle prête ? que doit résoudre Artaxerce ? On ne peut plus habilement jeter dans l'âme des spectateurs ces effrayantes perplexités qui font le charme de la tragédie.

SCÈNE XII.*

LES PRÉCÉDENS, *excepté* ARTAXERCE.

ARBACE.

QUOI! malgré ton innocence, il te faudra, malheureux Arbace, dévorer ces indignes outrages!

(*) Arbace ne devrait point rester sur la scène; mais dans un opéra on n'y regarde pas de si près. Cette scène et les suivantes sont d'un effet nul. La quatorzième est assez bien dialoguée.

MEGABISE *à part.*

Qu'arrivera-t-il !

SEMIRE *à part*

Que de malheurs je redoute !

MANDANE *à part.*

Il n'est plus de repos pour moi.

ARTABAN *à part.*

Je dissimule et je frissonne.

ARBACE.

Mon père, vous détournez les yeux, j'aurais souffert tout autre accusateur sans me plaindre ; mais que celui qui me donna la vie, m'accuse et demande ma mort, je succombe à ces derniers coups : prenez pitié d'un fils qui vous aime.

ARTABAN.

Je ne suis plus ton père ; tu n'es plus mon fils ; un traître n'est pas digne de ma pitié ; si tu es dans l'abyme, toi seul en es cause, tu es le tourment de mes jours. *Il sort.*

SCÈNE XIII.

LES PRÉCÉDENS, *excepté* ARTABAN.

ARBACE.

Par quel crime, dieux barbares ! ai-je mérité votre colère ? Sémire, écoute, et plains mon sort.

SEMIRE.

Recouvre ton innocence, et je t'écouterai, et je ferai tout pour toi ; mais je ne puis ni défendre ni plaindre un coupable.

(Elle sort.)

SCÈNE XIV.

LES PRÉCÉDENS.

ARBACE.

Ah ! Mégabise, par pitié enfonce un poignard dans mon sein.

MEGABISE.

Cesse de me parler.

ARBACE.

Ah ! Princesse.

MANDANE.

Fuis loin de moi.

ARBACE.

Ecoute, Ami.

MEGABISE.

Je n'écoute point un traitre.

ARBACE. *Il veut la retenir.*

Chère Princesse, chère amante.

MANDANE.

Monstre ! oses-tu proférer ces noms ? c'est ton bras qui me retient, ton bras tout fumant du sang de mon père !

ARBACE.

Je n'ai point porté les coups.

MANDANE

Qui les a portés ? explique toi.

ARBACE.

Je ne le puis ; ma bouche......

MANDANE.

Ta bouche est pleine d'impostures.

ARBACE.

Mon cœur.....

MANDANE.

Ton cœur ! il est innaccessible à l'horreur du crime.

ARBACE.

Je suis......

MANDANE.

Tu es un perfide.

ARBACE.

Je suis innocent.

MANDANE.

Innocent !

ARBACE.

Je te le jure.

MANDANE.

Cœur perfide !

ARBACE *à-part.*

Père cruel! que ton crime me coûte! *(haut)* Chère Mandane, si tu savais......

MANDANE.

Ta haine contre Xerxès m'était connue.

ARBACE.

Mais tu n'entends point.......

MANDANE.

J'ai entendu tes menaces.

ARBACE.

Et tu t'abuses.

MANDANE.

Si je m'abusai, ingrat, ce fut alors que je te crus fidèle; alors que je pus t'aimer.

ARBACE.

Maintenant?

MANDANE.

Je t'abhorre.

ARBACE.

Et tu es.......

MANDANE.

Ton ennemie.

ARBACE.

Et tu veux.......

MANDANE.

Ta mort.

ARBACE.

Ce premier amour...

MANDANE.

S'est changé en haine.

ARBACE.

Et tu ne me crois pas?

MANDANE.

Non, je ne te crois pas, perfide. *(à-part)* Dieux! je ne puis le haïr.

SCÈNE XV.

ARBACE *seul.*

Le sort n'a plus de malheurs pour moi ; je les ai tous épuisés ; tous en un jour ! mon ami m'abandonne ; ma sœur m'outrage ; mon père m'accuse ; mon amante gémit, et je dois garder le silence! et je ne puis parler ! Jamais d'aussi cruels supplices éprouvèrent-ils un mortel ? Ma constance est accablée ; je vogue sur une mer orageuse, sans voiles et sans cordages ; les flots mugissent, le ciel s'obscurcit, les vents redoublent, l'art m'abandonne, et le vol de la fortune m'entraine ; infortuné ! dans cet horrible état je suis seul, seul avec mon innocence, qui me conduit au naufrage.

(*Note.*) Si on appliquait à ce premier acte la sévérité des règles de la tragédie, on condamnerait justement trois ou quatre scènes que le goût réprouve ; mais on serait forcé d'admirer dans le reste la force et la nouveauté des conceptions, la précision et l'énergie du dialogue, l'art d'émouvoir et d'attacher fortement. M. Delrieu, pour faire son troisième acte, n'a eu la peine que d'élaguer les inutilités de celui-ci : cela n'était pas bien difficile.

Je dirai un mot en passant des deux premiers actes de la nouvelle pièce : le premier est supportable ; le second est très-mauvais. Le style de l'un et de l'autre est généralement prosaïque, lâche, traînant et semé d'incorrections : en voici une qui saute aux yeux : « *Semer la flamme* » ; elle se trouve dans le premier acte.

Fin du premier acte.

ACTE SECOND.

SCÈNE PREMIÈRE.

ARTAXERCE, ARTABAN, GARDES.

ARTAXERCE *aux Gardes.*

GARDES, qu'Arbace soit amené devant nous. *(à Artaban.)* Je sais ce que tu demandes : ah ! veuille le ciel ne point nous refuser les moyens de sauver ton fils !

ARTABAN.

Je ne voudrais pas, Seigneur, vous donner lieu de croire que la pitié paternelle, ou l'espoir mal fondé de trouver mon fils innocent, me font vous demander cette grâce ; son crime est trop manifeste, il doit périr ; si je desire lui parler encore, c'est pour votre seule sûreté, la raison du crime et les complices du coupable nous sont inconnus ; je veux percer l'obscurité qui les cache.

ARTAXERCE.

Que j'envie ta fermeté, Artaban ! les périls d'un ami me déchirent ; et tu ne gémis point lorsque l'on condamne ton fils !

ARTABAN.

Prince, que la sérénité de mon front coûte d'efforts à mon cœur ! j'ai entendu la voix de la nature, j'ai ressenti comme un autre ses faiblesses ; mais le devoir l'emporte : celui qui m'a couvert d'opprobre n'est plus mon fils, j'étais sujet avant d'être père.

ARTAXERCE.

Ta vertu accroît mon intérêt pour Arbace ; tu ne le défends point, et je dois t'en aimer davantage : qu'elle serait mon ingratitude si son trépas était le prix de ton dévoûment ; cherchons une voie pour le sauver, cherchons des raisons qui me fassent douter de son crime ; unis, ami, je t'en conjure, unis tes soins aux miens.

ARTABAN.

Que puis-je faire, si tout l'accuse, et si Arbace, accablé de son crime, se tait et ne se défend point?

ARTAXERCE.

Mais il atteste son innocence, sa bouche est étrangère au mensonge, un jour ne peut ainsi changer la vertu. Le malheureux!... Peut-être quelque motif secret le contraint au silence; parles-lui, ami, ce cœur fermé à son juge, s'ouvrira devant toi. Je m'éloigne, observe, interroge, rends mon pardon légitime, accorde ensemble le repos de ton Roi, l'honneur du trône et le salut de ton fils.

SCÈNE II.

ARTABAN, ARBACE, GARDES.

ARTABAN.

Je triomphe!.... *(aux gardes.)* Vous, qu'on attende mes ordres dans la chambre prochaine.

ARBACE *à part.*

Mon père, seul avec moi!

ARTABAN.

Je puis enfin sauver tes jours, j'ai obtenu de l'imprudent monarque la liberté de te parler; suis mes pas, sortons par un chemin ignoré, trompons Artaxerce et ses gardes.

ARBACE.

Vous me proposez une fuite qui serait la preuve du crime dont on m'accuse.

ARTABAN.

Insensé, viens, je te rends la liberté, je t'arrache à la vengeance, je te conduis à la gloire, peut-être au trône.

ARBACE.

Au trône!

ARTABAN,

Le sang de Xercès est depuis longtems abhorré; allons, il suffit de te montrer aux soldats; leurs chefs les plus puissans me sont vendus.

ARBACE.

Moi, devenir rebelle! cette seule pensée me fait frémir d'horreur; ah! laissez-moi mon innocence.

ARTABAN.

Elle est annéantie dans l'opinion des hommes; tu es dans les fers et tu parais coupable.

ARBACE.

Mais je ne le suis point.

ARTABAN.

Ce n'est pas assez; l'innocence, Arbace, existe toute entière dans l'opinion: elle n'est rien sans elle, l'homme juste est celui qui, sur le théâtre du monde, sait le mieux dérober ses sentimens aux autres, et s'envelopper d'artifices.

ARBACE.

Vous vous abusez; une grande âme ne regarde qu'en elle-même, elle s'approuve ou se condamne; toujours ferme et tranquille, toujours indifferente aux clameurs des hommes.

ARTABAN.

Je le veux; mais doit-on préférer l'innocence à la vie?

ARBACE.

Et cette vie, ô mon père! qu'est-elle?

ARTABAN.

Le plus grand bienfait, mon fils, que nous puissent accorder les Dieux.

ARBACE.

C'est une lueur qui s'enfuit: chaque instant nous entraine au terme, et le premier pas dans la vie est un pas vers la tombe.

ARTABAN.

Faut-il te combattre pour te sauver? mes ordres doivent en ce moment te suffire; viens sans plus tarder.

ARBACE.

Non, pardonnez, j'ose vous désobéir; c'est la première fois.

ARTABAN.

Tu céderas à la force, suis moi. *(Il veut l'entraîner.)*

ARBACE.

Cessez, c'est trop éprouver mes respects; ah! si vous m'y contraignez, je ferai.....

ARTABAN.

Tu menaces, ingrat, parle, dis, que feras-tu?

ARBACE.

Je ne le sais, mais je ferai tout pour ne pas vous suivre.

ARTABAN.

Eh bien voyons qui l'emportera suis-moi, allons. *(Il veut l'entraîner encore.)*

ARBACE.

Gardes, hola!

ARTABAN.

Tais-toi.

ARBACE.

Hola, gardes, rendez-moi mes fers, rendez-moi à ma prison.

ARTABAN *voyant les Gardes.*

O rage!

ARBACE.

Mon père....

ARTABAN.

Va, je ne t'écoute plus, ingrat.

ARBACE.

Votre colère me repousse; prenez pitié d'un innocent infortuné qui vous aime; n'oubliez point qu'il est encore votre fils.

(*Note.*) Cette scène est admirable; elle a fait, avec la scène onzième, le succès de la pièce de M. Delrieu. J'en releverai quelques defauts. Le dialogue languit depuis ces mots : « *Tu es dans les fers, et tu parais coupable. — Mais je ne le suis point.* » Cette réponse d'Artaban : « *La vie, mon fils, est le plus grand bienfait que nous puissent accorder les dieux* » entre bien dans son caractère; mais ce que dit le fils est froid et déplacé. Euripide met quelque chose de semblable dans la bouche d'Ephigénie; M. Geoffroi, qui a traduit cette pièce, s'écrie, voilà la nature; oui voilà la nature vue avec les yeux de M. Geoffroi. Ce feuilliste est depuis longtems le jongleur de la littérature. A force de grimaces, il est parvenu à se faire remarquer; et la renommée qui a deux trompettes, a publié, avec celle que chacun devine, le nom et les talens du rédacteur des feuilletons. Mariant la farce au sermon, la grossièreté, la médisance, et la calomnie à une morale sévère, il s'est fait un parti des hypocrites, qui haïssent la philosophie, comme les hibous la lumière. Ils n'ont point regardé le fond du tonneau; ils n'ont point vu que le saint homme était perpétuellement en contradiction avec ses principes : il criait contre les philosophes, c'était assez pour lui applaudir et pour l'admirer. Si la majorité des nouveaux Saints est composée d'enfants des ténèbres, on n'en doit pas moins rendre justice a ceux qui marchent dans les étroits et raboteux sentiers du salut. M. Chateaubriant sur-tout, se fait remarquer parmi les élus de l'agneau; qu'on se rappelle que l'année dernière, le bon apôtre, armé d'un cilice, la corde au col, le bourdon à la main, alla visiter la terre sainte; il mérite la canonisation; je la lui souhaite, et c'est avec bien du plaisir que j'espère pouvoir dire un jour, en récitant mes litanies; *sancte* Chateaubriant *ora pro nobis.*

SCÈNE III.

ARTABAN, MÉGABISE.

ARTABAN *à part.*

Surmonte tes faiblesses, Artaban, abandonne à son destin un fils insensé : non, je sens que je ne le puis; je l'aime; et qui le dirait? je l'aime parce qu'il ne me ressemble pas; je m'irrite, je l'admire, et je frémis à-la-fois de colère et de pitié.

MEGABISE.

Que faites-vous? que méditez-vous? qu'elle funeste lenteur! il est temps d'exécuter et non de résoudre; les satrapes sont au conseil; voila nos victimes rassemblées; qu'elles soient unies dans la mort : nos ennemis abattus, la voie du trône s'applanit sous vos pas; courons délivrer Arbace.

ARTABAN.

Ah! Mégabise, quel est mon malheur! mon fils refuse et le trône et la liberté; il ne prend aucun soin de ses jours : il se perd, il nous perd.

MEGABISE.

Que dites-vous?

ARTABAN.

Tous mes efforts ont été vains.

MEGABISE.

Volons à sa prison et délivrons-le malgré lui.

ARTABAN.

Le temps que nous perdrons à tenter la valeur et la fidélité des soldats, suffira au Roi pour se préparer à la défense.

MEGABISE.

Vous dites vrai ; qu'Artaxerce donc périsse d'abord, et puis nous sauverons Arbace.

ARTABAN.

Mais mon fils reste en otage.

MÉGABISE.

Voici un moyen ; partageons nos soldats ; attaquons en même temps, moi le palais, vous la prison.

ARTABAN.

Nos forces partagées seraient trop faibles.

MEGABISE.

Il faut cependant s'arrêter à un parti.

ARTABAN.

Le plus sûr est de n'en prendre aucun ; j'ai besoin de réunir les fils confus d'une trame embarrassée.

MEGABISE.

Et si cependant votre fils marche au supplice !

ARTABAN.

Dans ces extrémités, nous recourrons au plus prompt remède ; il suffit maintenant de dissimuler et de conserver la foi de nos amis ; je tenterai tous les moyens pour séduire les gardes : j'avais jusqu'ici trop négligé leurs secours ; il me parut insensé de multiplier les périls sans nécessité.

MÉGABISE.

Disposez toujours de Mégabise.

ARTABAN.

Ami, ne me trahis pas au moins !

MEGABISE.

Moi ! vous trahir ! ah ! qu'avez-vous dit ? me croyez-vous ingrat à ce point ? je n'ai point oublié ma naissance ; tout ce que je possède je vous le dois ; je ramperais parmi le vulgaire si vous ne m'eussiez tendu la main ; vous trahir ! ah ! qu'avez-vous dit ?

ARTABAN.

Tout ce que j'ai fait pour toi est peu, Mégabise ; tu verras, si le destin me seconde, combien je t'aime ; je sais ton amour pour Sémire, je ne le condamne point, et je veux...... la voici ; qu'elle connaisse mes volontés, et que des liens plus étroits nous unissent.

MEGABISE.

Quelle joie !

(*Note.*) L'auteur est fidèle à ce précepte de l'Art poétique, « *Que le trouble toujours croisse de scène en scène.* » L'intrigue se serre, les perplexités redoublent. Il me paraît absurde de faire parler Artaban comme il parle ; Mégabise lui est depuis long-temps connu, il ne peut soupçonner sa foi ; il ne doit donc pas lui recommander de ne point le trahir.

SCENE IV.

LES PRÉCÉDENS, SÉMIRE.

ARTABAN.

Ma fille, voici ton époux.

SÉMIRE.

Dieux ! qu'entends-je ? ah, Seigneur ! un hymen lorsque mon frère......

ARTABAN.

C'est assez ; je lui ai promis ta foi.

SÉMIRE.

Quel sacrifice prétendez-vous faire ? Seigneur, pensez-y bien, je suis....

ARTABAN.

Tu es une insensée si tu résistes : voilà ton époux ; je le veux ainsi, qu'il te suffise ; sache, si tu ne peux l'aimer, respecter au moins la main qui te le donne : lorsque tes yeux verront briller les sacrés flambeaux, peut-être ton cœur sera-t-il moins insensible.

(*Note.*) Cette scène d'opéra affaiblit les impressions qu'on a reçues.

Le genre où de pareils défauts sont nécessaires, est un genre bien vicieux et bien détestable.

SCÈNE V.

MÉGABISE, SÉMIRE.

SEMIRE.

Écoutez, Mégabise, je me flatte enfin de votre amour, mais puis-je vous en demander une preuve dernière?

MEGABISE.

Vous pourez tout.

SÉMIRE.

Je crains vos refus.

MEGABISE.

Commandez, et cessez de craindre.

SÉMIRE.

Ah! si vous m'aimez, renoncez à ces nœuds qu'on veut former.

MEGABISE.

Moi!

SEMIRE.

Vous; mettez-moi ainsi à l'abri du courroux de mon père.

MEGABISE.

Je vous obéirais si vous ne prétendiez railler, Sémire.

SEMIRE.

Croyez-moi, ce n'est point une raillerie.

MÉGABISE.

Eh non! je ne vous crois pas le plaisir de me tourmenter...

SÉMIRE.

C'est vous qui plaisantez, Mégabise; je vous ai cru plus généreux.

MEGABISE.

Et moi plus discrète, Sémire.

SÉMIRE.

Quelle preuve d'une grande âme!

MÉGABISE.

On ne demande pas aussi ce qu'on ne peut accorder.

SÉMIRE.

Je vous donnais les moyens de me plaire et de montrer votre vertu.

MEGABISE.

Je veux vous plaire, mais non à ce prix.

SEMIRE.

Mon espérance est donc.....

MEGABISE.

Vaine.

SEMIRE.

Mes pleurs...

MEGABISE.

Inutiles.

SÉMIRE.

Mes prières....

MEGABISE.

Sans pouvoir.

SEMIRE.

Eh bien! j'obéirai; mais écoute, ne te flatte point que je puisse jamais t'aimer; j'abhorrerai éternellement ce funeste lien qui nous unira; tu seras toute ma vie, à mes yeux, un objet d'horreur; tu posséderas ma main, jamais mon amour.

MEGABISE.

Je ne l'exige pas, Sémire; mes desirs seront remplis si je puis vous voir mon épouse, et si par vengeance vous me voulez haïr, haïssez-moi, je ne m'en plaindrai pas; ne craignez point que je vous prodigue les noms d'ingrate et de perfide; je serai trop heureux en possédant mon ennemie; je déteste la folie d'un amant, qui veut forcer jusqu'à l'amour de l'objet qu'il aime. *(Il sort.)*

(*Note*). Métastase était nourri de la lecture de Corneille; l'imitation se fait sentir dans quelques-uns de ses ouvrages, et particulièrement dans celui-ci. Mandane est une Chimène qui poursuit la mort de son père sur son amant qu'elle croit coupable; mais l'objet principal de la tragédie de Corneille est l'amour. Chimène captive l'intérêt; elle est peinte avec les couleurs les plus fortes: Mandane est insipide, froide et déplacée. Le nouvel auteur a quitté cette fois Métastase et a eu recours à Lemière; il n'a pas été plus heureux. Sa Mandane se montre de la famille de la précédente, par l'ennui qu'elle inspire : c'est une machine que l'auteur fait mouvoir lorsqu'il faut remplir un vide, et qui ne vient sur la scène que pour soutenir la conversation.

SCÈNE VI.

SÉMIRE, LES PRÉCÉDENS.

SEMIRE *à part.*

DIEUX! que de malheurs en un jour! Mandane, écoute.

MANDANE.

Ne m'arrête point, Sémire.

SEMIRE.

Où cours-tu?

MANDANE.

Au Conseil.

SEMIRE.

Je te suis, j'y puis secourir mon malheureux frère.

MANDANE.

Nos intérêts sont différens; tu veux son salut, et moi sa perte.

SEMIRE.

Et c'est une amante qui parle ainsi!

MANDANE.

C'est ainsi que parle Sémire, la fille de Xerxès.

SEMIRE.

Arbace n'est point coupable, ou s'il est coupable, c'est pour toi; son amour fut extrême, il l'a égaré.

MANDANE.

Et voilà ce qui rend son crime inexcusable : je dois me justifier par sa mort; je dois effacer la honte qu'il imprime sur mon front; je lui donnai mon amour, mais mon amour devait le conduire à la gloire, et non au crime.

SEMIRE.

Ne suffit-il point de la rigueur des lois pour venger Xerxès?

MANDANE.

Non : je redoute la tendre amitié de mon frère, l'affection

des Grands; je crains en lui je ne sais quel pouvoir inconnu, je ne sais quel ascendant suprême qui le rend maître des cœurs.

SÉMIRE.

Impitoyable amante, va, sollicite son châtiment, deviens son accusatrice, ordonne toi-même son trépas; mais avant tout, interroge ton cœur: auras-tu la force d'oublier ta foi donnée, ta tendresse, tes soupirs et ces regards, qui, pour la première fois, portèrent le trouble dans ton âme?

MANDANE.

Ah! barbare Sémire, que t'ai-je fait? pourquoi réveiller cette pitié que je m'efforce d'étouffer? je sens trop combien mon courage est faible, mais je dois éteindre mon amour; le devoir l'emportera; j'en ai l'espérance, pourquoi veux-tu me l'ôter, cruelle? (*elle sort.*)

SCÈNE VII.

SÉMIRE *seule.*

QUEL coup faut-il détourner d'abord? Mandane, Arbace, Mégabise, Artaxerce, mon Père, tous sont mes ennemis, tous accablent à l'envi mon cœur; tandis que je m'oppose à l'un, je reste sans défense contre les autres, et je ne puis soutenir les efforts de tous. Si les flots courroucés d'un fleuve menacent de franchir leurs barrières, le laboureur épouvanté parcourt à pas précipités les deux rives; mais son art et ses soins, et ses efforts sont perdus; vainqueur de l'obstacle, le fleuve s'élance par cent routes différentes.

SCÈNE VIII.

Le théâtre représente la salle du Conseil, le trône d'un côté, et des siéges de l'autre pour les Grands. Artaxerce est précédé par une partie des gardes et des Grands du royaume; le reste de ses gardes compose sa suite.

ARTAXERCE, MÉGABISE.

ARTAXERCE.

FIDÈLES soutiens de cet empire, Artaxerce va porter le poids des soins du trône; je ne saisis qu'en tremblant les rênes dans un jour marqué par tant d'orages; vous, qu'ont signalés le zèle, le courage, l'expérience et la fidélité, accompagnez mes pas sur le trône, et que pour prix de l'amour et de la faveur de mon père, il me soit permis de me reposer sur vous.

MEGABISE.

Seigneur, Mandane et Sémire demandent à paraître à vos yeux.

ARTAXERCE.

Qu'elles viennent; j'entrevois les motifs différens qui les guident.

SCÈNE IX.

SÉMIRE, LES PRÉCÉDENS.

SEMIRE.

GRACE, grâce, Artaxerce!

MANDANE.

Seigneur, vengeance! je demande la mort du coupable.

SEMIRE.

Et moi, la vie d'un innocent.

MANDANE.

Le crime est certain.

SEMIRE.

Non le criminel.

MANDANE.

Toutes les apparences accusent Arbace.

SEMIRE.

Ses vertus le justifient!

MANDANE.

Le sang de mon pere egorgé, réclame son châtiment.

SEMIRE.

Il a sauvé le fils, il merite des récompenses.

MANDANE.

Souviens-toi.....

SEMIRE.

N'oublie pas......

MANDANE.

Qu'une justice rigoureuse est seule l'appui des trônes.

SEMIRE.

Que la clémence en est le fondement.

MANDANE.

Que la douleur d'une fille enflamme ta colère.

SEMIRE.

Que les larmes d'une sœur te fléchissent.

MANDANE.

Toute la Perse attend le supplice du meurtrier.

SEMIRE.

Grâce, grâce, Artaxerce.

MANDANE.

Vengeance!

ARTAXERCE.

Levez-vous, ô Dieux! levez-vous; vos douleurs n'égalent pas les miennes. Sémire craint mes rigueurs, Mandane ma clémence, et moi, tour-à-tour, fils et ami, je rassemble dans mon sein les tourmens qui vous partagent : Artaban, ami, viens me consoler; dis, Arbace est-il innocent? puis-je le sauver?

SCÈNE X.

LES PRÉCÉDENS, ARTABAN.

ARTABAN.

VOTRE pitié, la mienne sont inutiles; il n'est point touché de son salut; ou en désespère.

ARTAXERCE.

Eh quoi! l'ingrat veut-il me forcer à le condamner?

SÉMIRE.

A le condamner! ah cruel! la hache trancherait les jours du frère de Sémire, du héros de l'Asie, de l'ami, du défenseur d'Artaxerce. Malheureux Arbace! plaintes superflues!

ARTAXERCE.

Epargne-moi l'injustice de tes reproches. Non, je ne suis pas barbare; mais que puis-je faire? Arbace dédaigne de se justifier. Que ferais-tu toi-même? Que ferait Artaban? Hola! gardes, qu'on amène Arbace; qu'Artaban soit le juge de son fils, et, s'il est possible, qu'il lui pardonne. Je dépose ma toute-puissance entre ses mains.

ARTABAN.

Seigneur....

MANDANE.

L'amitié triomphe ainsi du devoir! Tu ne veux pas qu'il soit puni, puisque la volonté d'un père suffit pour sauver le coupable.

ARTAXERCE.

Je confie ma justice à un père dont la fidélité m'est connue; à un père qui accuse son fils lors même que je voudrais l'absoudre, à un père qui a plus de raisons que moi de le punir.

MANDANE.

Mais il est toujours père.

ARTAXERCE.

C'est pour cela qu'il est doublement intéressé à son chatiment. Je ne dois venger sur Arbace que le trépas de Xerxes: il doit venger à la fois, sur son fils, et le trépas de Xerxès et sa honte.

MANDANE.

Ainsi. . . . .

ARTAXERCE.

Ainsi, j'assure à la vengeance, la victime, si elle est coupable ; et je ne deviens point ingrat envers le défenseur de mes jours.

ARTABAN.

Seigneur, ce prix. . . .

ARTAXERCE.

Est digne de ta vertu.

ARTABAN.

Seigneur, que va-t-on dire ?

ARTAXERCE.

Et que peut-on dire ? Parlez., expliquez-vous.

ARTABAN.

Votre choix est approuvé par leur silence.

SEMIRE.

Voici mon frère.

MANDANE *à part.*

Ah ! Dieux !

ARTAXERCE.

Qu'on écoute.

ARTABAN *à part.*

Nature, n'ébranle point mon courage.

MANDANE *à part.*

Ne palpite point, ô mon cœur !

SCÈNE XI.

ARBACE *enchaîné*, LES PRÉCÉDENS.

ARBACE.

Je suis donc bien odieux à la Perse ! est-ce l'injustice de mon sort qui rassemble ce Peuple autour de moi ? ô mon Roi !

ARTAXERCE.

Appelle moi ton ami ; tant que je pourrai douter de ton crime, je veux l'être ; et comme un juge doit s'interdire un nom si doux, j'ai remis le droit de te juger à ton père.

ARBACE.

A mon père !

ARTAXERCE.

A lui.

ARBACE *à part.*

Mon sang se glace dans mes veines.

ARTABAN.

Que dis-tu ? ma constance t'étonne peut-être !

ARBACE.

Je frémis, ô mon père ! en vous voyant en ce lieu ; en songeant à ce que je suis, à ce que vous êtes : vous ! mon juge ! et votre front est serein ! et vous ne sentez pas votre âme se déchirer !

ARTABAN.

Ce n'est pas à toi d'interroger les mouvemens secrets de mon cœur, ni son intelligence avec mon visage ; si je suis ici, c'est parce que tu l'as voulu ; si tu avais écouté mes conseils, si tu avais suivi mes pas, je ne serais point aujourd'hui ton juge, tu ne serais point coupable.

ARTAXERCE.

Malheureux père !

MANDANE.

On ne vient point entendre ici vos chagrins particuliers ; qu'Arbace soit lavé du crime, ou qu'il soit condamné.

ARBACE.

O douleur !

ARTABAN.

Que le coupable réponde ; tu parais Arbace, le meurtrier de Xerxès ; tu es convaincu du crime ; voici les preuves, un téméraire amour, une fureur rebelle....

ARBACE.

Le fer, le sang, le lieu, le temps, ma crainte, ma fuite, rendent je le sais mon crime manifeste ; mais les apparences sont trompeuses ; je suis innocent.

ARTABAN

Prouve ton innocence, si tu le peux ; calme le courroux de Mandane offensée.

ARBACE.

Ah ! si vous craignez d'ébranler ma constance, craignez

de me porter des coups aussi sensibles ; à ce nom chéri, père barbare !....

ARTABAN.

Tais-toi, ne vois-tu point dans ton emportement aveugle et insensé, où tu es, à qui tu parles, et qui t'écoute.

ARBACE.

Mais, mon père....

ARTABAN.

Ton forfait réclame cependant ou ta défense ou ton supplice.

ARTAXERCE, *à Arbace.*

Aide-nous, ami, à te sauver.

ARBACE.

O mon Roi, je me trouve sans crime, sans défense, sans repentir; vos demandes n'obtiendront jamais de moi d'autre réponse.

MANDANE.

Il est également coupable, soit qu'il se taise, soit qu'il parle. Que méditez-vous? que tardez-vous? voilà donc ce père qui dût venger un double outrage !

ARBACE.

Mandane, tu veux mon trépas?

MANDANE *à part.*

O mon âme ! raffermis toi.

ARTABAN.

Princesse, votre colère détermine ma vertu ; que la rigueur d'Artaban laisse à la Perse le grand exemple d'une justice et d'une fidélité inouies au monde; je condamne mon fils; qu'Arbace meure.

MANDANE.

Dieux !

ARTAXERCE.

Ah ! suspends, ami, l'arrêt fatal.

ARTABAN. *(Il signe un papier qu'on lui présente.)*

L'arrêt est signé, j'ai rempli mon devoir.

ARTAXERCE *à part.*

Vertu barbare !

SEMIRE.

Père inhumain !

MANDANE *à part.*

Mes pleurs me trahissent.

ARBACE.

Tu pleures, Mandane? mon malheureux sort arrache enfin de toi quelque pitié!

MANDANE.

On pleure de joie ainsi que de tristesse.

ARTABAN.

J'ai rempli les devoirs d'un juge sévère; qu'il me soit permis de donner un libre cours à ma tendresse : pardonne, mon fils, à la dure loi d'un devoir tyrannique; souffre avec constance, il te reste peu à souffrir; que l'appareil des supplices ne t'épouvante point; c'est la crainte seule qui les rend cruels.

ARBACE.

Tout mon courage cède en ces instans; me voir exposé aux yeux du monde, sous les dehors d'un assassin! voir mes espérances évanouies, mes jours éteints à leur aurore! me voir en horreur à la Perse, à mon ami, à celle que j'aime; savoir que mon père..... père cruel! je m'égare... adieu.

ARTABAN.

Je frissonne.

ARBACE.

Téméraire Arbace, où vas-tu? ô mon père! pardonnez, me voilà à vos genoux; excusez les transports d'une douleur aveugle; que tout mon sang soit versé, je ne m'en plaindrai pas; et loin de vous adresser aucun reproche, je baise la main qui me condamne.

ARTABAN.

Mon fils, lève-toi; ta plainte n'est que trop légitime! mais sache...... ô dieux! viens dans mes bras.

ARBACE.

Par vous, par ces derniers embrassemens, daignez conserver vos jours pour cet Empire; appaisez mon amante, défendez mon Roi; je mourrai trop heureux, j'entraîne avec moi, dans la tombe, tous les malheurs de la Perse.

(Note.) L'amitié, l'amour filial, la profondeur dans la dissimulation, ne pouvaient être portés plus loin. Artaxerce veut sauver son ami; il nomme Artaban le juge d'Arbace. Le père

condamne le fils. L'innocent perd sa constance en entendant l'arrêt de son trépas : quelques plaintes lui échappent ; mais à peine sorties de sa bouche, il s'en accuse, et tout son cœur les désavoue. A ce spectacle déchirant, la nature arrache de l'âme du père ces paroles : « *Tes plaintes ne sont que trop légitimes; mais sache...* » Il ne peut en dire davantage ; il presse dans ses bras cette intéressante victime ; et c'est ainsi que s'explique une grande douleur qui craint de se répandre au dehors. Le poète est ici l'égal de nos grands tragiques.

SCÈNE XII.

LES PRÉCÉDENS, *excepté* ARBACE.

MANDANE, *à part.*

La mort est dans mon sein.

ARTABAN.

Princesse, voilà, au prix de mon sang, votre colère satisfaite.

MANDANE

Monstre ! fuis de mes yeux, dérobe-toi à la lumière ; cache-toi dans les entrailles de la terre, si la terre elle-même peut recéler un barbare tel que toi.

ARTABAN.

Ma vertu donc....

MANDANE.

Tais-toi, inhumain, ne parle plus de ta vertu : la vertu a ses bornes ; au-delà de ces bornes est le crime.

ARTABAN.

Quelle vous étiez ! quelle vous êtes !

MANDANE.

J'ai fait ce que j'ai dû ; et si Arbace était jugé de nouveau, de nouveau je demanderais sa mort. Je devais venger un père, tu devais dépouiller la sévérité d'un juge, et sauver ton fils. Voilà quel était mon devoir, voilà quel était le tien. Va faire admirer ta vertu parmi des barbares : va dans les forêts d'Hircanie te mêler avec les tigres moins féroces que toi.

SCÈNE XIII.

ARTAXERCE, SÉMIRE, ARTABAN.

ARTAXERCE.

Hélas ! chère Sémire, tout conjure la perte d'Arbace.

SÉMIRE.

Tyran, est-ce ainsi que ton cœur change ! Tu plains ton ami après l'avoir égorgé.

ARTAXERCE.

J'ai rendu son père l'arbitre de son destin, et c'est moi qui suis tyran ! et c'est moi qui veux son trépas.

SÉMIRE.

Jamais cruauté ne fut plus ingénieuse ; un père jugeant son fils, était l'esclave de la loi, et la loi était ton esclave ; il devait repousser la pitié que tu devais ressentir. Eh ! dis-moi que tu n'as jamais connu ni l'amitié, ni l'amour, et que le spectacle d'un fils expirant sous la main d'un père, a des charmes pour ton cœur.

ARTAXERCE.

Que la Perse dise si je suis ingrat envers Arbace ; si je partage ton deuil, si je t'aime encore.

SEMIRE.

Abusée par une vertu feinte, je t'avais cru jusqu'ici tendre amant, ami généreux ; mais un seul instant m'a fait voir en toi un amant sans pitié, un ami perfide. L'amour enchaîne la rage du tigre et adoucit la férocité du lion ; toi, plus barbare que les monstres du désert, malgré les prières de celle qui t'adore, tu chasses de ton cœur toute pitié.

SCÈNE XIV.

ARTABAN, ARTAXERCE.

ARTAXERCE.

Tu viens d'entendre les reproches de l'ingrate Sémire.

ARTABAN.

J'ai entendu l'injuste courroux de Mandane.

ARTAXERCE.

Le pardon est dans ma bouche, et elle m'appelle tyran.

ARTABAN.

Je suis juste, et elle m'appelle barbare.

ARTAXERCE.

Est-ce le prix de ma clémence?

ARTABAN.

Est-ce le prix d'une austère vertu?

ARTAXERCE.

Que de pertes, ami, dans un jour!

ARTABAN.

Ah! c'est à moi seul qu'appartient la plainte; je suis le plus infortuné des mortels.

ARTAXERCE.

Ton deuil est grand; mais lis dans mon âme et tu verras si dans ce jour affreux, un ami est moins digne de pitié qu'un père : hélas! l'amitié qui t'était commandée par la nature, était un choix de mon cœur.

SCÈNE XV.

ARTABAN *seul.*

Enfin me voilà seul;... je respire... que de terreurs!... à ces mots : *Tu seras le juge de ton fils.* J'ai cru voir l'abîme s'ouvrir sous mes pas, oublions les dangers passés, je me suis sauvé moi-même, il faut maintenant sauver mon fils. Ainsi, lorsqu'un subit éclat de foudre frappe le berger, pâle, frissonnant, la mort dans les yeux, il tombe sur l'arène; mais sorti de ses vaines terreurs, il se lève, il respire, il rassemble ses troupeaux qu'avait dispersés la crainte.

(Note.) Ce que le premier acte avait commencé, le second acte l'achève; les impressions que nous avions reçues d'abord, étaient mêlées de quelque espoir; ici les perplexités redoublent, l'espoir s'affaiblit, et le salut de l'infortuné, qui n'a voulu ni tromper son ami, ni acheter son salut par la fuite, paraît impossible, lorsque le père a prononcé l'arrêt fatal. La terreur et la pitié sont à leur comble; on croit voir le coup mortel levé sur la tête de l'innocent : il va donc périr, victime de son

héroïque dévoûment, accablé d'ignominie, en horreur au monde! toutes ses espérances s'évanouissent, tout ce qu'il aime l'abandonne, tous les cœurs sont fermés pour lui; seul avec son innocence qui ne peut le soutenir, il lutte contre le désespoir au bord de l'abime : dans ces affreuses angoisses il jette un dernier cri de douleur, ce cri retentit dans notre ame, et nos sanglots et nos larmes sont un tribut payé à la vertu malheureuse, et aux talens du poète, qui a su nous émouvoir pour des évènemens fictifs, comme s'ils eussent été réels.

Il était impossible au poète de se soutenir après cette situation sublime, il se hâte sagement d'arriver à la catastrophe.

Fin du second acte.

ACTE TROISIEME.

SCÈNE PREMIÈRE.

On voit l'intérieur de la forteresse dans laquelle Arbace *est renfermé.*

ARBACE, ARTAXERCE.

ARBACE.

Que la mort est lente dans l'adversité! que dans la prospérité son vol est rapide!

ATAXERCE.

Arbace.

ARBACE.

Dieux! que vois-je! qui vous amène dans ces lieux de tristesse et d'horreur?

ARTAXERCE.

L'amitié.

ARBACE.

Pourquoi venez-vous, Prince, redoubler ici votre deuil?

ARTAXERCE.

Je viens pour te sauver.

ARBACE.

Pour me sauver!

ARTAXERCE.

Oui, voilà un chemin qui te conduira dans des lieux écartés; précipite tes pas; cherche une autre patrie; souviens-toi quelque fois d'Artaxerce: vis pour l'aimer.

ARBACE.

Prince, pourquoi me sauver, si vous me croyez coupable? innocent, pourquoi dois-je fuir?

ARTAXERCE.

Coupable, je te rends une vie que tu m'as conservée;

innocent, je t'offre la fuite, je ne puis rien de plus pour toi; pars; épargne à un ami le spectacle de ton trépas; appaise les troubles de mon sein : soit que l'amitié m'aveugle, soit qu'un Dieu protège l'innocence, je ne puis trouver de repos si tes jours ne sont en sûreté; j'entends sans cesse retentir dans mon âme une voix qui me dit : Mets dans la balance son crime et ses vertus, et n'oublie pas que son crime, est douteux, que ses vertus sont certaines.

ARBACE.

Ah! laissez-moi mourir; je parais coupable aux yeux des hommes, l'honneur vous force à me punir; je mourrai trop heureux si, après avoir sauvé les jours d'un ami, je puis sauver l'honneur de mon Roi.

ARTAXERCE.

Sentimens sublîmes, non, vous n'êtes point d'un coupable! Arbace, les instans sont chers; le peuple croira que des châtimens secrets ont puni ton attentat, et qu'Artaxerce n'a point voulu ensanglanter le jour où l'Asie doit le voir pour la première fois sur le trône. C'est assez pour ma gloire.

ARBACE.

Mon pardon; peut se révéler alors....

ARTAXERCE.

Ah! pars, je t'en conjure ami; si mes prières sont impuissantes, ton Roi te l'ordonne; fuis.

ARBACE.

J'obéis à mon Roi; qu'Arbace puisse une fois vous montrer sa reconnaissance; Ciel entends mes vœux; mesure sa vie par longues années : marque tous ses jours par des triomphes; que l'univers se courbe sous ses loix, et que la paix qui m'abandonne; habite à jamais sa demeure. Les flots égarés loin des mers, baignent les monts et les vallées, roulent en torrent, s'étendent en fontaines, et jusqu'à leur retour dans l'Océan, où ils reposent enfin de leurs longues courses, murmurent une éternelle tristesse.

(*Note.*) Monsieur Delrieu n'a point fait preuve d'un grand jugement, lorsqu'il a mis en récit ce que Métastase met ici en action.

SCÈNE II.

ARTAXERCE, *seul.*

Le calme de ses traits, la sérénité de son front, ne décèlent point un coupable; une grande âme perce le voile qui nous dérobe son éclat; dans les traits de l'homme se déploient ses sentimens: la nue enveloppe quelquefois le soleil, mais elle ne cache point sa splendeur; le ruisseau qui s'est déroulé sur une arène fangeuse, révèle, à travers ses voiles d'argent, le fond corrompu. *(Il sort.)*

SCÈNE III.

ARTABAN, MÉGABISE, CONJURÉS.

ARTABAN

Mon fils, Arbace, où es-tu? quel lieu te cache à mes regards? Compagnons, je vais chercher de nouveau mon fils; gardez l'entrée de ces cachots.

MÉGABISE *n'apperçevant pas Artaban.*

Et nous tardons encore! il serait temps.... mais je n'apperçois ni Artaban ni Arbace! que fait-on? que résout-on? quelle funeste lenteur dans nos entreprises! Artaban, Seigneur...

ARTABAN.

Je suis perdu, je ne trouve point mon fils; mon sang se glace... Je crains... je doute... je frissonne... Peut-être en ce lieu... Mégabise!

MEGABISE.

Artaban!

ARTABAN.

Mon fils, où est-il?

MEGABISE.

Il n'est point avec vous?

ARTABAN.

O Dieux! mes craintes redoublent.

MEGABISE.

Expliquez-vous, parlez : où est Arbace ?

ARTABAN.

Je l'ignore; mille horribles soupçons m'agitent; les plus funestes idées épouvantent mes esprits : qui m'apprendra ce qu'il est devenu ? qui m'apprendra s'il vit encore ?

MEGABISE.

N'embrassez point de vaines terreurs; Artaxerce. Mandane n'auraient-ils pu procurer la fuite de votre fils ? Voici le chemin qui conduit au palais.

ARTABAN.

Eh ! pourquoi me cacher sa fuite ? Ah, Mégabise ! mon fils, Arbace ne vit plus; chacun, par pitié, se tait sur son sort.

MEGABISE.

Ah ! revenez à vous; calmez les troubles de votre âme. Nous avons entrepris; ce n'est pas tout; il faut exécuter.

ARTABAN.

Si j'ai perdu mon fils, que veux-tu que je fasse

MEGABISE.

Que dites-vous ? sera-ce en vain que nous aurons séduit, vous les gardes, moi les soldats ? Pensez-y bien; Artaxerce va dans un instant jurer une éternelle obéissance aux lois : déjà, par votre ordre, j'ai empoisonné la coupe : perdrons-nous ainsi lâchement, tant de travaux et tant de peines ?

ARTABAN.,

Ami, si mon fils n'est plus, pour qui dois-je m'exposer encore? Mon fils était mon seul amour. Pour lui donner le trône, j'ai trempé mon bras dans le sang; je me suis rendu horrible à moi-même : s'il est mort, le désespoir seul me reste, tout le fruit de mes crimes m'est ravi.

MEGABISE.

Arbace, mort ou vivant, attend de votre main le sceptre ou la vengeance.

ARTABAN.

Elle seule me retient dans la vie : oui, Mégabise, tu peux guider mes pas, je m'abandonne à toi.

MEGABISE.

Je vous conduis à la gloire.

SCENE IV.

ARTABAN *seul.*

DIEUX ! vous avez trouvé l'unique moyen qui pût abattre mon courage ; au seul doute de la vie de mon fils, timide, désespéré, je succombe à mon trouble ; ma raison chancelle. Mon fils, je meurs si tu cesses de vivre ; mais un monarque barbare me précédera dans la tombe. Pâle nautonier des morts, suspends ta rame ; je n'attends, pour voler près de toi, que la vengeance.

SCÈNE V.

Le théâtre représente l'appartement de Mandane.

SÉMIRE, MANDANE.

MANDANE *seule.*

Non, je ne puis, comme l'exigerait mon amour, plaindre Arbace. L'infortuné vivra ; s'il n'était plus je n'en serais que trop instruite : la renommée des désastres est rapide.

SEMIRE.

Console-toi enfin ; le Ciel remplit tes souhaits.

MANDANE.

Le Roi a-t-il brisé les fers d'Arbace ?

SEMIRE.

Il l'a sacrifié.

MANDANE.

Comment ?

SEMIRE.

Chacun est instruit en secret que mon malheureux frère a terminé son triste sort.

MANDANE.

O présages trompeurs ! ô jour funeste !

SEMIRE.

Ta vengeance est remplie, est-tu contente ? te faut-il de nouvelles victimes ?

MANDANE.

« Les faibles déplaisirs s'amusent à parler. » Les grandes douleurs s'expriment par le silence.

SEMIRE.

On ne fut jamais plus inhumaine que toi; il n'est point de Persan qui ne gémisse à cette funeste nouvelle, et tu ne verses pas une larme!

MANDANE.

La douleur qui permet les larmes, est légère.

SEMIRE.

Si tu n'es point satisfaite, va contempler le cadavre de mon frère; va compter ses blessures, va repaître tes regards de son sang; et la joie sur le visage.....

MANDANE.

Ah! tais-toi, fuis?

SEMIRE.

Que je me taise! que je m'éloigne! tant que je verrai le jour, attachée sans cesse à tes pas, comme une furie; j'empoisonnerai tous tes instans.

MANDANE.

Dieux! mérité-je tant d'inimitié? cesse de te plaindre et de me haïr; ma douleur suffit pour me donner la mort.

SCÈNE VI.

SÉMIRE *seule.*

Insensée, qu'ai-je fait? j'ai cru affaiblir mes chagrins en les faisant partager; ils redoublent, et mon cœur n'en est que plus déchiré : ah! les larmes d'autrui ne peuvent arracher de nos yeux que des larmes nouvelles.

SCÈNE VII.

ARBACE, MANDANE.

ARBACE.

Je la cherche en vain; je voudrais au moins, avant de partir, appaiser ma chère Mandane, la revoir encore une fois; peut-être dans un autre lieu.... Où porté-je mes pas?.... c'est-elle, ô dieux! je n'ose m'offrir à sa vue.

MANDANE. *(sans l'appercevoir.)*

Qu'on me laisse, et que personne n'entre ici; ô! mon amour éclate enfin; j'ai répandu le sang de l'amant le plus tendre, il est temps que le mien soit versé. *(Elle lève le poignard pour se frapper.)*

ARBACE.

Arrête.

MANDANE.

Ciel!

ARBACE.

Quelle injuste fureur!....

MANDANE.

Toi vivant! toi libre, toi dans ces lieux!

ARBACE.

Une main amie a brisé mes fers.

MANDANE.

Fuis, retire-toi, malheureux! si l'on te surprend ici, que dira-t-on? ingrat, ne m'ôte point ma gloire!

ARBACE.

Eh! pouvais-je abandonner la patrie sans revoir mon amante?

MANDANE.

Que veux-tu de moi, traitre?

ARBACE.

Cesse de parler ainsi; envain tu prétends me cacher ton cœur: il m'est connu; tu as parlé, ô Mandane, et j'étais à tes côtés!

MANDANE.

Je n'ai rien dit; je me trompe, ma bouche à trahi mes sentimens.

ARBACE.

Pourtant, tu m'aimes encore?

MANDANE.

Je te déteste.

ARBACE.

Eh! bien, cruelle, remplis ta haine ; prends ce glaive, voilà mon sein.

MANDANE.

Ta mort serait une récompense, elle doit être un supplice.

ARBACE.

Tu dis vrai, pardonne ; je m'égare, mais cette main va détruire.....

MANDANE.

Que fais-tu ? est-ce assez de ton sang pour me satisfaire ? je veux que ton trépas soit public, qu'il ne parte point de ta main, qu'il soit infâme.

ARBACE.

Barbare ! ingrate ! je périrai comme tu l'exiges ; je vais de ce pas reprendre mes fers.

MANDANE.

Arbace, écoute.

ARBACE.

Que veux-tu me dire ?

MANDANE.

Je ne le sais.

ARBACE.

L'amour te parle-t-il encore pour moi ?

MANDANE.

Cruel ! que dis-tu ? prétends-tu jouir de ma honte ? sauve-toi ; fuis ; ne m'afflige pas d'avantage ; fuis, et conserve tes jours.

ARBACE.

Tu veux que je vive, chère Mandane ! mais si tu me hais, je ne puis que mourir.

MANDANE.

Dieux ! quel supplice ! ma rougeur te suffit-elle ? je ne puis en dire d'avantage.

ARBACE.

Ecoute.

MANDANE.

Non.

ARBACE.

Tu es......

MANDANE.

Par pitié, fuis, laisse-moi?

SCÈNE VIII.

Le théâtre représente un temple magnifique; le trône et le sceptre sont d'un côté; on voit sur l'autel, du feu, et le simulacre du soleil.

ARTAXERCE, ARTABAN, SUITE, PEUPLE.

ARTAXERCE.

PEUPLES, le sceptre va passer dans mes mains; vous allez voir en moi votre Monarque et votre Père; soyez mes enfans plus que mes sujets; votre sang sera épargné, votre gloire conservée, et vous jouirez sous mon règne des bienfaits que procurent la paix et la guerre; peuples, soyez à jamais les appuis du trône, et faisons un heureux échange d'amour et de fidélité; mon sceptre ne sera point pesant pour vous; les lois fleuriront à l'abri du trône: qu'un serment solennel soit le garant de mes promesses.

ARTABAN.

Voici la coupe sacrée; votre serment en sera plus inviolable; accomplissez la cérémonie. *(à part.)* La mort va couler dans son sein.

ARTAXERCE.

Dieu du jour, toi, qui revêts les cieux de ta splendeur, et la terre de sa verdure; toi, par qui tout meurt et renaît, abaisse tes regards sur Artaxerce; si le mensonge habite dans ma bouche, précipite ta foudre sur ma tête, que mes jours pâlissent comme ce feu, alors que j'épanche la liqueur sacrée; que ce breuvage se change en poison mortel dans mon sein.

(Note.) Il est de toute invraisemblance qu'Artaxerce, le jour même de la mort de son père, ordonne une cérémonie qui pouvait être différée.

SCÈNE IX.

SÉMIRE ET LES PRÉCÉDENS

SÉMIRE *à Artaxerce.*

Songe à ta défense; des clameurs séditieuses résonnent autour du palais; on demande, on prépare ta mort.

ARTAXERCE.

Dieux!

ARTABAN.

Quel perfide ose s'armer contre son roi?

ARTAXERCE.

C'est le traître Arbace.... ah! je l'ai connu trop tard!

SEMIRE.

Arbace n'est plus.

ARTAXERCE.

Il voit, il voit le jour; j'ai fait tomber ses fers; je n'ai point vengé mon père; je mérite la peine qui me menace; j'ai travaillé moi-même à ma ruine.

ARTABAN.

Que craignez-vous, ô mon roi? Artaban suffit pour vous défendre.

ARTAXERCE.

Courons punir....

SCÈNE X.

MANDANE, LES PRÉCÉDENS.

MANDANE *à Artaxerce.*

Arrête, mon frère; réjouis-toi: la révolte est calmée.

ARTAXERCE.

Le croirai-je! comment?

MANDANE.

Déjà la troupe rebelle avait, sur les pas de Mégabise, occupé le plus grand portique. Ce bruit tumultueux a frappé l'oreille d'Arbace : il accourt. Que n'a-t-il point fait? que n'a-t-il point dit pour ta défense ; il déploie toute l'horreur de cet infâme attentat ; toute la gloire de te rester fidèle; il menace, il prie, il conjure, changeant tour-à-tour de voix et de visage ; tantôt calme, tantôt irrité, furieux ; les rebelles déposent enfin à ses pieds leurs armes. l'indigne Mégabise, seul restait encore ; il s'elance sur lui, te venge; le traitre expire sous ses coups.

ARTABAN *à part.*

Fils insensé!

ARTAXERCE.

Lorsque j'ai sauvé mon ami, un dieu m'inspira sans doute; Mégabise est lui seul, l'auteur de tous ces crimes.

ARTABAN *à part.*

Heureuse erreur!....

ARTAXERCE.

Mon cher Arbace, où es-tu ? qu'on le cherche, qu'on l'amène devant nous.

SCÈNE XI ET DERNIÈRE.

ARBACE ET LES PRÉCÉDENS.

ARBACE.

O mon Roi! Arbace est à vos pieds.

ARTAXERCE.

Viens dans mes bras; pardonne, ami, si je doutai de ton innocence; elle éclate toute entière en ce jour ; ah! fais que je puisse te récompenser aux yeux de mon peuple ; détruis les soupçons, explique-toi enfin ? pourquoi ce fer sanglant ? pourquoi ton silence ? pourquoi ta fuite?

ARBACE.

Seigneur, je ne demande qu'un prix de votre amitié; qu'il me soit permis de me taire; le mensonge n'est pas dans ma bouche; croyez au libérateur de vos jours, je suis innocent.

ARTAXERCE.

Fais-en le serment; voici la coupe sacrée: atteste les Dieux, et prends à témoin de ton innocence une divinité vengeresse.

ARBACE.

J'obéis.

MANDANE *à part.*

Mon amant est hors de danger.

ARTABAN *à part.*

Que dois-je faire? s'il porte la coupe sur ses lèvres, il boit la mort.

ARBACE.

Dieu du jour, toi, qui revets les cieux de ta splendeur et la terre de sa verdure; toi, par qui tout meurt et renaît.

ARTABAN *à part.*

O désespoir!

ARBACE.

Si le mensonge est dans ma bouche, que ce breuvage se change dans mon sein....

ARTABAN.

Arrête, le poison est dans la coupe.

ARTAXERCE.

Qu'entends-je?

ARBACE.

O Dieux?

ARTAXERCE.

Pourquoi le taire jusqu'à ce moment?

ARTABAN.

La coupe était préparée pour toi.

ARTAXERCE.

Quelle fureur à pu t'animer

ARTABAN

Il n'est plus temps de dissimuler; l'amour paternel m'a trahi; c'est moi qui poignardai ton père, c'est moi que dévorait la soif de ton sang; c'est moi qui suis coupable, ce n'est point Arbace; je lui donnai le fer sanglant, pour le cacher; sa pâleur était l'horreur de mon crime; son silence la piété d'un fils; si la vertu en lui, l'amour en moi, eussent été moins grands, j'accomplissais mes desseins, et je t'arrachais le sceptre et la vie.

ARBACE.

Qu'ose-t-il dire?

ARTAXERCE.

Perfide, tu massacres mon père, et tu me rends coupable de la mort de Darius; à quels crimes ton exécrable espoir t'a conduit. Tu mourras.

ARTABAN.

Nous mourrons ensemble,

ARBACE.

Dieux!

ARTABAN *aux soldats.*

Amis, le désespoir seul nous reste; meure le tyran.

ARBACE.

Que faites-vous ?

ARTABAN.

C'est ainsi qu'Artaban doit mourir.

ARBACE.

Déposez, déposez ce fer, ou le poison..... *(Approchant la coupe de ses lèvres.)*

ARTABAN.

Insensé, que dis-tu?

ARBACE.

Si Artaxerce périt, je meurs.

ARTABAN.

Laisse-moi remplir......

ARBACE. (*Il approche de nouveau la coupe de ses lèvres.*)

La coupe est sur mes lèvres, voyez.....

ARTABAN.

Arrête, ingrat; veux-tu, dans son désespoir, qu'un père s'immole pour toi. Fils ingrat, tu l'emportes. (*Il jette son épée.)*

MANDANE.

O fidélité!

SÉMIRE.

O trahison!

ARTAXERCE.

Qu'on poursuive les rebelles, et qu'Artaban soit conduit au supplice.

ARBACE.

Seigneur! grace pour mon père.

ARTAXERCE.

Le pardon est impossible, son crime est trop grand; je ne confonds point l'innocent avec le coupable; que Mandane devienne ton épouse, que Sémire partage mon trône, mais que ce monstre périsse.

ARBACE.

Arrachez-moi donc la vie, elle m'est en horreur s'il me faut vous sacrifier mon père.

ARTAXERCE.

O pouvoir de la vertu!

ARBACE.

Je n'implore point votre clémence, déployez toutes vos rigueurs, mais changez de victime; je tombe à vos pieds, donnez-moi la mort qui attend mon père, contentez ainsi votre vengeance.

ARTAXERCE.

Lève-toi : essuie, ami, ces larmes généreuses; qui peut te résister; Artaban vivra, mais il vivra dans un douloureux exil, ton souverain fait grace au crime du père, en faveur de la vertu du fils.

(Note.) Artaban se livre ici à la vengeance d'Artaxerce; dans la nouvelle pièce, il boit la coupe empoisonnée; ce changement est heureux; c'est un effort d'invention, comme on sait.

FIN.

SUR ARTAXERCE.

Métastase a déployé toutes ses ressources dans cet ouvrage; il a conçu avec force, et tracé avec un génie supérieur ce caractère d'Artaban, qui n'avait point de modèles. Il a fait naître d'un fonds qui n'était point tout entier de lui, les situations les plus pathétiques et les plus terribles; il a puissamment attaché l'âme des spectateurs à une intrigue extraordinairement intéressante; il a jeté dans son dialogue toute la précision, toute l'énergie, tout le feu que réclamaient le sujet; il a manié les ressorts tragiques en grand poète, et s'est montré digne de lutter avec les hommes à jamais célèbres dont s'honore la Scène française. Monsieur Delrieu, malheureux dans ses premiers actes, où il n'était point soutenu par Métastase, n'a été que copiste dans le reste; le succès de sa pièce sera donc infructueux pour sa gloire.

J'ai dit ses vérités à monsieur Delrieu, j'aurais encore beaucoup d'observations à faire sur sa Pièce, mais je laisse à d'autres ce soin, persuadé qu'il ne m'en saura pas mauvais gré.

(*Nota.*) Des Barbouilleurs ont dit : « ce Siècle n'a point de Poètes Tragiques; » le Public a pris soin de leur répondre, et de les démentir, en couvrant d'applaudissemens les Tragédies de Messieurs *Legouvé* et *Chénier.*

Monsieur, Chénier, formé à l'école de Voltaire, et qui le rappelle souvent, doué d'une âme de feu, et d'un grand génie pour le pathétique, a jeté un nouvel éclat sur la Scène française.

Monsieur Legouvé, si terrible dans Epicharis, si touchant dans la Mort d'Abel, se montre par-tout un digne élève de Racine.

Ce Poète célèbre passe d'un ton à l'autre avec un bonheur toujours égal; il unit la force à la grace, et, supérieur dans la

Tragédie, il ne l'est pas moins dans le Poème descriptif, et dans les petits Genres qui exigent de la facilité, de la délicatesse, une sensibilité exquise; est-il quelqu'un de nos Poètes qui puisse se flatter d'avoir autant de goût que monsieur Legouvé, et un talent aussi flexible?

Il n'a point été, malgré sa gloire, à l'abri des critiques de monsieur Geoffroi; mais que peuvent contre lui les clameurs de ce détestable folliculaire ?

Zoïle, rampe, et meurt aux pieds du Génie, qui vole, et ne meurt point.

www.ingramcontent.com/pod-product-compliance
Ingram Content Group UK Ltd.
Pitfield, Milton Keynes, MK11 3LW, UK
UKHW031949260826
14628UKWH00004B/1959

9 782019 705503